写给孩子的话：
你可以变成一个爱写作业的孩子吗

孩子，你知道吗？我小时候超级不爱写作业，每次坐在书桌前，我就感觉百爪挠心，作业像一座大山一样压得我喘不过气来。作业完不成，怎么办呢？只能想办法蒙混过关，然而，我的老师们都是火眼金睛，我根本逃不过。因为连续几天不写数学作业，老师忍无可忍，有一次，把我们几个学生赶到雪地里写作业。内蒙古的冬天真冷啊，然而，我居然蹲在雪地里，给同学讲了一节课的鬼故事，心够大的吧。

还有一次，语文老师检查作业，发现我少写了20多篇日记，于是，老师每天"催债"，我实在写不出来，就开始写流水账：第一节课是语文，第二节课是数学，第三节课是地理，第四节课是体育，然后就放学了。你们猜，我应付过去了吗？并没有。第二天一放学，我就被老师拎到办公室。当时，全校老师共用一个大办公室，我的语文老师一拍桌子："小杨杰，你逗我呢吧，你的语文是体育老师教出来的吗？"体育老师接过话头说："哎哎哎，这可不是我教她的，我教得比这好多了。"老师们哄堂大笑，所有老师都知道我是那个写流水账的孩子。那时候的日子啊，用两个词来形容就是：愁云惨淡，生无可恋。

后来呢，后来我就改了，而且是痛改前非的那种改。你看，现在我每年要阅读300万字的资料，我还很喜欢写字，有时候一年能写30万字，我还出版过两本书，写过很多文章，加起来也得有50万字吧。如果我带着现在的能力回到小学，承包我们全班同学的作业都不在话下，你说，这会让我的数学老师和语文老师多惊讶啊。

惊讶之余，他们一定会追着问："小杨杰，快说说，你是怎么改过来的？"我是怎么改过来的呢，这真是说来话长。

　　我的老师一直以为我是因为贪玩，故意不好好写作业，其实，我是遇到了困难。那时候，我就是没有办法静下心来安安稳稳地写作业。我发现，很多孩子和我有相同的烦恼。那时候，父母总给我们讲道理："你要认真、专心，等写完作业，不就能尽情地玩了？"谁不想赶快写完作业呢？看别人"唰唰唰"写完作业，我羡慕死了，恨不得有个魔法，小手一挥，唰，作业就写完了。但是，哪里有什么魔法呀，那只是没有任何用处的白日梦。

　　我知道，我必须先想办法改变自己。我要先变成一个爱写作业的小孩，然后，我还可以把这个办法教给别的孩子。一个孩子，如果能快速地、保质保量地完成作业，那么他的父母脸上一定会笑出一朵花来吧？

　　还别说，我真的做到了。我曾经用几天的时间，就让一个极厌烦写作业的孩子，按部就班地写作业，我们全家人都特别惊讶。你一定也很好奇吧？我在写给你们爸爸妈妈看的内容中，第4

章第5节"好监督，坏监督：关键看是否做出积极的新选择"就讲了这个故事，你可以偷偷去看一下。

小时候，我是家族里的"孩子王"。最开始，我常常带着一二十个孩子一起玩，后来，我就带着他们一起写作业。每到寒暑假，我们家都有一道独特的风景线：推开门一看，全是孩子，他们趴在窗台上、沙发上、桌子上、柜子上，以各种姿势在写作业。

这些孩子告诉我，自从他们能又快又好地写完作业，他们的世界就变了。第一，自己的心情好。以前玩的时候，心里总是很忐忑，惦记着作业，现在心里好轻松。第二，爸爸妈妈像变了一个人一样，不再凶巴巴地吼他们，说话平心静气，偶尔还开几句玩笑。第三，比以前自由了。只要写完作业，无论是玩闹还是看电视，父母都不再数落、责骂自己。

有个孩子说，就像作文书上写的，家里真的变成了温暖的港湾。父母看到孩子的变化这么大，非常惊讶，也都很感谢我，说我是最会带孩子的人。

我最不忍心看到孩子因为写作业问题被责骂，那我就做一个特别的老师吧，我来教爸爸妈妈，把他们变成温暖、可爱的好爸爸、好妈妈，这主意多棒啊。于是，我就考入了北京师范大学的教育学院，在过去的10多年里，我一直给很多爸爸妈妈做老师，在他们遇到困难时，我就帮他们做出改变。有位妈妈告诉我，她儿子说："别的书你都不许看，你只能看杨杰老师的书，因为你看了她的书，就不会对我发脾气。"哇，我太开心了！妈妈不再发脾气，这是我听到的最激动人心的消息。

你们的爸爸妈妈，在别的方面都学得很快，唯独在你们写作业的问题上太容易着急，太容易生气，连他们自己都说："我就是看不得孩子慢，孩子作业写不好，我就想原地爆炸。"

关于我是怎么改变的，我又是怎么帮助别的小孩改变的，我已经与你们的爸爸妈妈聊过了，我也想和你们聊聊。其实，每个小孩都可以变成爱写作业的小孩，然后，你的生活你做主！你会真正拥有一个幸福又自由的童年。

目录

写作业，最重要的是找到轻松的感觉

学会分解，老虎变成猫

孩子，我想问一个问题，当你们看到"作业"这两个字时，心里有什么样的感觉？记得我小时候，只要提起"作业"，我就头大，心往下沉，想逃跑又逃不掉，非常难受。要是我没猜错的话，你们也不是那么喜欢"作业"这两个字。在许多孩子的感觉里，作业都快成了"讨厌"的代名词了。

我说过，我原来非常讨厌写作业，后来彻底改变了。我为什么会改变呢？因为我反复问自己："为什么我那么不想写作业呢？同样的作业量，我的同学写得不是挺快的吗？他们思考一下，然后就写出答案，我也不笨，我也有手，为什么就不想写呢？"

我苦思冥想，终于找到了答案。具体地说，我找到了三个办法。

第一个办法：先给自己打打气。如果今天老师留了8项作业，你们心里已经开始叫苦连天了吧："天哪，作业太多了，这怎么写得完，都没时间玩了。"如果你把这些作业放在一起看，就会觉得这些作业像一只大老虎，威风凛凛，很可怕。

你们可能会问："不放在一起看，也是这么多呀，怎么办呢？"我教你们一个办法，那就是给自己打打气，先做到不怕这只"大老虎"。比如你们可以这样告诉自己："作业肯定是要写完的，反正也逃不掉，我肯定有办法写完。"

这几句话，是为了安抚自己的心情，当然，光靠自我安慰，肯定没法打败这只"大老虎"，接下来，咱们得找到更有杀伤力的武器。

第二个办法：分解作业。也许你们已经猜出来了，打败这只"大老虎"的办法，就是把这些作业分解开。

举个例子，我们先来看看下面这些作业：①数学练习，第30页；②语文练习，第7课；③听写第7课字词；④交回执；⑤练习队歌；⑥背诵古诗，发视频；⑦写完B本；⑧背第17页，明天听写；⑨上传英语朗读卡片；⑩一起作业同步学。

这是我认识的一个二年级的小朋友某一天的作业。如果把这些作业放在一起看，是不是挺吓人的？我很了解这个孩子，他每天都能按部就班地完成作业。他是怎么做的呢？

原来，他会分开看这些作业，这是他的小窍门。例如，他先找出最简单作业，这一天的作业里面，第4项、第5项、第6项、第7项都很简单：回执让妈妈签字就可以了；队歌只需要练习一遍；古诗背诵他已经会了，读一遍就行，三分钟就能完成；B本只剩下两个词，很容易完成。本来一想到有10项作业，觉得心情好沉重，现在，去掉这4项简单的，只剩下6项作业，心情顿时就轻松了。

接下来，他找出最喜欢的作业。他最喜欢的

是第 9 项和第 10 项作业。早早地上传英语朗读卡片，总能得到小星星，他会很开心，这也是他快点儿完成这项作业的动力；另外，他觉得"一起作业同步学"很好玩，做完还能看排名，第一名总是被班里的几名女生占据着，有一天他终于得到了第一名，特别有成就感，高兴极了。对他来说，写这两项作业简直是一种享受，一点儿压力都没有。现在作业只剩下 4 项了，这 4 项倒是稍微有点儿难度，写的字比较多，而且需要记忆。不过，这 4 项作业，用 1 小时肯定能写完。

你看，当你找出最简单和最喜欢的作业并完成后，最开始那种叫苦连天的感觉就没有了吧？这只威风凛凛的"大老虎"，瞬间就变成"病猫"了。10 项作业中只有 4 项稍微有点儿难度，但只要耐心点儿，很快就能写完。

这时候，再看这 10 项作业，感觉就不一样了吧？你们是不是有点跃跃欲试了？马上着手，简单的作业"嗖"地就少一项，这感觉很棒吧。

当然，也许你们会说，这些作业都是小儿科，我们的作业比这难多了。但无论是什么样的作业，你们都能在其中找到相对简单和相对喜欢的，把作业这样分解开，就会感觉轻松许多。

第三个办法：跟作业说几句悄悄话。

你们会发现，就算把作业分解开，漫长的写作业过程还是会很枯燥，让你感到难受。有时候，会有"一眼望不到头"的感觉，于是，你们就会在心里念叨："哎呀，烦死了，什么时候才能写完呀。"

千万别这么想，这种念头的危害太大了，它会让你们瞬间烦躁起来，越烦躁越不想写。就像我小时候一样，想逃跑又无处可逃。这时候，书桌简直就变成了一个牢笼。

那怎么办呢？你们可以边写作业边和自己聊天。比如："嘿，这不，提笔就写三个字了……啊，很快，写两行了……哇，加油，再有5分钟，这一页就写完了……嗯，这个有点儿难，我一会儿问问妈妈……这个阅读理解看着字多，其实只要回答3个问题，就相当于做完了一页……有点累了，加油，再坚持10分钟就休息……"你们会发现，这样和自己聊天，都是正面鼓励的话，自己写作业的劲头可足了，不一会儿就写完了好几页。

所以，要想顺利地完成作业，就不能把作业看作"大老虎"，先把它看作"病猫"，然后边写边和自己聊天，作业似乎变成了一个有点调皮、又让人烦恼的朋友。写作业，最重要的是找到轻松的感觉。

有的小朋友会说："这些办法好是好，但就算我不把作业看作'大老虎'，还是觉得有困难，这该怎么办？"别急，后面还有很多办法呢。

第 2 节

跟时间赛跑

有目标点，才跑得快

　　有位妈妈向我"吐槽"她家小孩，你也来听听，是不是像在说你？这位妈妈说："我们家孩子，太让人发愁了，我让她写 1 小时作业，她说'哎呀，时间太长了，能不能短点儿？'我让她玩 1 小时游戏，她又说'哎呀，时间太短了，能不能长点儿'？"

　　我说："这就是小孩的正常心理啊，难道你小时候不是这样吗？反正我小时候，和你家孩子一样的，写 1 小时的作业，觉得慢如蜗牛，玩 1 小时游戏，又觉得快如闪电。"

　　我调侃这位妈妈："你天天对孩子说'抓紧时间'，依我看呀，你对时间还不够了解。我给你讲讲吧，时间分为钟表时间和感觉时间。钟表时间，每天 24 小时，分秒不差，全世界的钟表时间速度都一样；你刚才说的，是感觉时间。这个感觉时间呢，做喜欢的事情，感觉时间过得很快；做讨厌的事情，感觉时间过得慢。"

　　这位妈妈说："做父母好难啊，还得懂点儿心理学，不然，冤枉了我家娃我都不知道呢。"

　　上一节，咱们讲到，对作业要分开看，不要整体看。这也是因为，分开看，就不觉得压力那么大了，这样可以加快感觉时间，让你写作业的感觉更好一些。

时间管理的应用题

　　咱们了解了钟表时间和感觉时间，就能更好地管理时间了。具体怎样管理呢？其实也不难，就相当于解一道应用题。

　　解应用题需要知道已知条件，我们做时间管理也要知道 3 个条件，分别是：有多少作业？有多少时间？完成每项作业大约需要多少时间？你会发现，在这3个已知条件中，有多少作业和有多少时间是很容易算清楚的，但是完成每项作业需要多少时间，有的人知道，有的人不知道。那怎么办呢？

这好办，一个钟表或计时器就能帮你解决。例如，你不知道做一页练习题需要多少时间，那就从开始做的时候计时，做完的时候看看时间，算一下自己用了多长时间。就这样，算出你常做的作业大约各需要多长时间能完成。

知道这些就可以了吗？还不行。有一些作业，不需要当天完成，是按周来算的，比如，书法作业需要在周二以前完成；作文需要周四交。这样的作业，你可能一开始觉得不着急写，后来就把它们忘了，到了该交作业的时候，你发现自己还没写，就会手忙脚乱。这该怎么办呢？很简单，给自己写个备忘录，放在你书桌的醒目位置上。

然后，万事俱备，咱们接着解这道"应用题"。解应用题的时候，老师经常教你们用画图的方法解决问题。管理时间的时候，你也可以画一条直线，代表你整个晚上的时间。然后，看看当天有几项作业，记得把书法、作文这些有截止日期的作业算进来。对每项作业，根据所需时间的长短，可以用一个长方形来表示。

接下来是一个特别有意思的排序工作，把每项任务的顺序排好。可以按照你们记作业的顺序来排序，也可以按照先难后易或先易后难的顺序来排序，总之，按你的喜好来。这样一排序，你就会发现，这一晚上要做什么都清清楚楚。你可能想知道，这个排序工作该在什么时候做呢？一开始，你不太熟练，可能需要坐在书桌前，找一张纸，真正画出这张图来，才能做好排序。等熟练后，建议你在记作业时就做好排序；也可以在放学回家的路上，在头脑中做好排序；当然，你也可以掰着手指头来排序。不管怎样，保证排序工作效率最高即可。

另外，写作业是很辛苦的事情，一定要劳逸结合。怎么休息呢？通常有两种办法，你可以自由选择：一种是写完一项作业就休息一会儿；另一种是按固定时间休息，比如每写 30 分钟就休息

10分钟。当然，前提是写作业时不浪费时间。我通常建议每次休息10分钟，因为如果你一次休息半小时，就特别容易回不过神来，或者把时间拖得太晚，影响休息。

跟自己赛跑

排序工作完成了，时间管理这道"应用题"也解完了，接下来该干什么呢？当然是写作业了。这时候，你依照自己制订的计划来写作业，可以在心里和自己玩一个赛跑的游戏。看看你实际写作业的时间是比计划的时间长，还是比计划的时间短。

我建议你每写完一项作业，就把完成作业的时间标注在你的计划表上。你会发现，标注时间会改变内心的感觉，就像参加百米赛跑一样，你会争分夺秒地写作业，一旦比计划用时短，你会非常开心。如果你总能飞快地写完作业，下次哪怕老师布置10项作业，你都觉得完成作业不在话下，是小菜一碟，这种感觉多棒呀。

如果你觉得这样还不够有趣，还可以参照电

影的桥段。你看，电影里经常给某件事取一个特别棒、特别酷或特别萌的名字，比如A计划、雷霆行动等。你也可以给你的计划取个名字呀。比如，给它取名为"小猫熊"，然后，你的赛跑就变得特别有画面感："小猫熊，你小心哦，我已经超过你15分钟了，请叫我飞毛腿。哇，接下来是抄写作业，我肯定会更快的，别哭哦，应用题我也很厉害……哇，小猫熊，我领先了40分钟，冲向终点，我是冠军。"

最后，我和你分享一个小秘诀：写作业的时候，你心里的想法特别影响你的心情。比如，你心里想"这么多作业，什么时候才能完成呀"，就会越想越烦，越烦越慢。但是，如果你沉浸在作业中，和作业产生有趣的对话，写完作业就会发现，写作业是非常轻松的事情。

告别混乱，果断开始

别纠结，做就是了

在上一节的内容中，我们讲了怎么制订计划，进行时间管理。你会发现，哪怕有完美的计划，你的手脚也总是不听从大脑的指挥，就是不想开始写作业。比如你正在看电视，你心里想着"我就看两分钟"，两分钟到了，你还是不想动，想着"我再看一眼"，这样看了一眼又一眼，时间不知不觉就过去了，你会觉得很懊恼。其实，我们大人看电视剧也是这样，总想着看完这一集就去看书。等到这一集结束时，又想着"下一集演的什么呢，要不我就再看两眼"，结果没忍住又看了一集。然后又在心里对自己说，看完这一集，无论如何不能再看了，结果，又看了一集……一个晚上，除了看电视，什么也没干。所以，并不是你们小孩会懊恼，我们大人也常常会懊恼。

那么，有了完美的计划，怎样才能马上开始执行呢？我来教你三个简单的办法吧。

第一个办法：做好准备工作

我们先做一点儿准备工作，把书桌收拾得干净整洁，只放与写作业有关的物品，把容易让你走神的东西，比如小玩具、课外书、零食等通通收走，放到你看不见的地方去。同时，准备一个计时器。这非常重要，如果你不喜欢被父母唠叨和催促，就用计时器来提醒自己。

第二个办法：告别混乱，厘清头绪

通常，大家放学回家都会休息一会儿，我建议你给自己一个雷打不动的固定的休息时间。比如只休息20分钟。这20分钟很宝贵，一定要安排好。假设你安排的事情是：上洗手间、吃水果、喝水、看课外书。这看上去挺清晰的，但这算安排好了吗？要我说，还不算。

你一定很疑惑，这怎么不算呢？我们来分析一下。比如豆豆也制订了这样的计划，他实际上是这么做的：回家直奔洗手间，看到旁边有本书，就津津有味地看了起来；看了15分钟，豆豆才从洗手间出来，走到厨房想拿水果，被妈妈提醒要洗手，只能返回洗手间洗手，再去厨房拿出水果；把水果端出来，却发现忘了拿水杯，又去了一趟厨房；这时候才想起来没有定时，于是又慌忙冲到书房去定时；刚出来，就被妈妈提醒"把沙发上的衣服挂好"，他又去挂了一趟衣服；刚坐下来歇一会儿，吃了几口水果，就被妈妈催促去写作业；但他又找不到书包了，在家里找了好几圈，才发现书包被忘在了门口的换鞋凳上。

就这样，豆豆手忙脚乱，耽误了时间，还被妈妈数落了好几句，说他丢三落四。你们有没有发现，豆豆在这一小段休息时间里，去了三次厨房，两次洗手间，专门跑到书房去定时，然后去挂了衣服，还因为找不到书包在家里转了好几圈。

如果把他走过的路画成一条路线图，你会看到豆豆的足迹简直是一团乱麻。他像陀螺一样在家里转来转去，估计都快把自己转晕了。

所以，有一个完美的计划还不够，还要做到动作连贯，有清晰的路线图，不走冤枉路。

我们以小明为例。这一天他放学回家，假设他的安排也是上洗手间、吃水果、喝水、看课外书。一进家门，小明做的第一件事情是换拖鞋，把外出穿的鞋子放好；第二件事情是脱外套，并挂到衣架上；第三件事情是拎起书包，放到自己的书桌上，并且顺手打开计时器，定时20分钟；第四件事情是从书桌旁走到洗手间，从洗手间出来前洗了手；第五件事情是去厨房把水果和水杯端出来，放到茶几上；第六件事情是去书架上拿一本课外书，然后坐在沙发上吃水果、喝水、翻看课外书。

你看，我们都不喜欢爸爸妈妈唠叨，但是，如果像豆豆一样，在家里把自己给绕晕了，就会招来妈妈的数落和批评。我猜，你肯定喜欢像小明那样，动作连贯如同行云流水一般，把休息时间安排得清清楚楚，小明的妈妈自然也就放手不管他了。

第三个办法：做个听话的机器人

像小明这样，能把生活安排得井井有条，惬意地吃水果、看课外书，等计时器的闹铃一响，他肯定立刻就去写作业了。

但同样的事情，对豆豆来说就困难了。他就像我们开始讲的那样，看了两分钟课外书，还想再看两分钟，看了一眼又一眼，就是不想开始写作业。这时候，妈妈看他的眼神已经很凌厉了，感觉"暴风雨"就要来了，这可怎么办？

如果你也是豆豆这样的小朋友，每次开始写作业都很挣扎，那么我给你分享一个办法。你可以把自己想象成一个机器人，然后，给自己下达清晰的指令。例如，第一步，放下课外书；第二步，穿好拖鞋，站起来；第三步，走到书桌前，坐下；第四步，拿出纸笔和任何一项作业；第五步，读题，开始写第一个字。然后默念"别停，别停，别停……"恭喜你，你战胜了自己，成功地开始写作业了。完成这个"机器人游戏"的关键，就是不破坏和自己的约定，坚决地执行指令。我猜，这时候你的妈妈一定很欣慰，表情也开始"阴转多云"，没一会儿，就"晴空万里"了。

你有没有发现一个小秘密？那就是你以为自己是孩子，是爸爸妈妈在管你，其实，是你的行为在左右着爸爸妈妈的心情。"晴空万里"，是因为你；"暴风骤雨"，也是因为你。

所以，改变爸爸妈妈，其实很容易。改变自己，也很容易。你只要制订一个计划，有清晰的路线图，按部就班地执行，就能做到。

2

如何进行
自我管理

打败磨蹭这个小怪兽

又快又愿意，速度态度全在线

你有没有发现，写作业特别像长跑，一开始可有劲儿了，跑得很快，脚步也很轻快；过了一会儿，速度就慢下来，步伐也开始变得沉重，还气喘吁吁；又过了一会儿，完全跑不动了，只能走；走着走着，也走不动了，就停了下来。

每当这个时候，你们的父母和老师就会给你贴上巨大的标签：磨蹭。于是，你们每天被不停地提醒：别磨蹭了，快点儿；你这孩子，哪样都好，就是磨蹭；天都快亮了，你还磨蹭呢。

这种感觉是不是很糟糕？可以说是内外交困。

我小时候也是这样，被大人数落，就在心里气恼地想："你以为我爱磨蹭呀，我也想快，我都恨不得买个加速器。"

在这里，我想问你们一个问题，如果在这个世界上，真有这么一款神奇的加速器，你们买不买？我猜，就算花光所有的零用钱，你们也会抢购一台。

可惜的是，咱们的科学家还没有研发出儿童磨蹭加速器。不过好消息是，你们如果了解了磨蹭的原理，就可以拥有加速器的功能。

你们知道磨蹭是什么吗？我猜，你未必知道。因为我问过很多爸爸妈妈，连他们都说不上来。我来告诉你们一个公式吧，磨蹭＝慢＋不情愿。

你们可以思考一下，是不是这样。如果只是慢，没有不情愿，那叫慢工出细活，还常常被表扬说耐心细致；如果只是不情愿，如果手脚麻利，也没人说这是磨蹭；如果又慢又不情愿，那就是地地道道的磨蹭。

现在咱们就用刚才的公式：磨蹭＝慢＋不情愿，尝试为你们生产出一款虚拟的加速器，战胜这个恼人的磨蹭吧。

其实很简单，接下来，咱们用找反义词的办法，生产出"加速器"的零部件。慢的反义词是快，不情愿的反义词是情愿。那咱们只要找到办法，让自己变得快、变得情愿，再将这两个部分一组装，咱们的"加速器"就诞生了。

怎么快

接下来，咱们就先说说怎么变快。其实，你肯定有变快的经验。比如，周末早晨，你一觉醒来，想到可以玩游戏，是不是就启动了你的加速功能？快快地起床穿衣服，快快地洗漱，快快地吃早餐，然后，迫不及待地坐到沙发上，开始玩游戏。这种感觉特别宝贵，当你想快点儿写作业的时候，就可以启用这个加速功能。

当然，也许你会说，作业的吸引力哪能和玩游戏相比呢？我玩游戏是万分情愿的，写作业可不是这样，我常常会不情不愿。这该怎么办呢？我教你一个简单的办法。这时候，你就把不情愿看作一个小讨厌鬼，你不搭理它，一直往前冲。过一会儿，你会发现那个"不情愿"不见了，因为你的快速行动，产生了一种更轻松、更有力量的感觉。恭喜你，你利用自己的加速度，成功地摆脱了"不情愿"这个小讨厌鬼的纠缠。

这时候，你是不是大获全胜了呢？还没有，一旦你放慢脚步，"不情愿"这个小讨厌鬼就会继续在你的内心世界干扰你，让你没法顺利完成作业。应对这个困扰的办法特别简单，就是"不要停"。你看的那些动画片里，一定有很多追逐的场景，通常，一个好人在前面跑，跑得精疲力竭，一个坏人在后面追，追得穷凶极恶，我们看电视的人，都看得心跳加速。这时候，你心里一定会想："快跑啊，别停，危险啊。"最后，通常都是好人拼尽全身力气纵身一跃，彻底摆脱了坏人的追赶。然后，我们也跟着长出一口气。"不要停"不仅仅是逃命的好办法，也是战胜"不情愿"的终极办法。

如果你觉得这些办法还不够有效，那就加上使用计时器的办法。你会发现，听到计时器滴答作响，或者看到计时器的数字不断跳动，就会自然而然找到那种紧迫感。当你实在坚持不住，想放弃的时候，你就想想那个追击的画面，告诉自己：再坚持 10 分钟，坏人也就跑不动了。最后，你就彻底战胜了"不情愿"这个小讨厌鬼。

咱们刚才讲了怎么变快，在此基础上，咱们还得找到"情愿"的感觉。

怎么变得情愿

"情愿"的感觉，对你们来说也不陌生。几乎所有的小孩打游戏时都很情愿呀。但是，怎样在写作业上找到这种感觉呢？你们会不会觉得，这太强人所难了？我并不是说，要像打游戏那样找到 100% 情愿的感觉，其实，只要对写作业找到 80% 情愿的感觉就非常棒了。只要我们开动脑筋，多想办法，达到这个目标应该不算太难。

我们刚才说的是写作业要快，不要停。接下来，我们说说写作业开始之前和结束之后，怎样能让我们变得情愿。

先说开始之前，你们先给自己一个积极的心理暗示，像鼓励别人一样鼓励自己："这作业也不难，耐心写，一会儿就写完了。"然后，你们就懂憬一下，写完作业的感觉有多轻松、多开心。如果连这种感觉都安慰不到你们，你们就告诉自己："面对现实吧，作业反正也逃不掉，早做完，早解脱。"这么做不一定让你们马上爱上写作业，但是，可以帮你们积累30%的情愿值，让作业不再面目可憎。

接下来，当你们历尽了千辛万苦，跨越了写作业这座沉重的大山后，千万不要以为写完了就结束了，你们还有一个非常重要的心理任务要做，那就是收集成就感。你们不妨先体会一下写完作业这种轻松、愉快、惬意的感觉，美美地陶醉几秒。然后，翻看一下你们所有的作业，这时候，要给自己点个大大的赞，狠狠地夸奖自己一番，这样做，你们的情愿值能自动升高到80%。

作为一个超级不爱写作业的过来人，我可以很确定地说：这两个办法，绝对能帮你们打败磨蹭这个小怪兽。当然，如果一次做不到，也很正常，请不要沮丧，就像冲锋一样，多尝试几次，再坚固的城池也会被拿下。

别让烦躁干扰你

安静是宝贵的特质

你们在写作业的时候，有没有那么一刻，莫名地感到烦躁？这时候，你们会怎么办呢？据我所知，很多小孩，包括小时候的我在内会这样做：上厕所、看课外书、玩橡皮、喝水，或者干脆发呆。这时候最怕被爸爸妈妈看见，被看见了肯定要挨骂的。

每个孩子都知道，写作业需要静下心来，可是，有时候感觉自己的意志力仿佛被外星人绑架了，尽管自己想好好写，但就是做不到。生活中，让我们静不下心来的事还真多呀，比如：在学校被老师批评了，和同学闹矛盾了，想买个玩具妈妈不给买，惦记着玩游戏，作业写错了，周末约同学出去玩被拒绝了……

总之，烦躁的感觉，每个人都会遇到，甚至每天都会遇到。烦躁并不可怕，关键是怎样面对它。我发现，有的小孩会烦上加烦，根本没法写作业；而有的小孩就能把烦躁赶走，回到平静状态。

小麻烦招来大麻烦

咱们前面说的豆豆同学，就非常"善于"烦上加烦，当然，这个"善于"是加引号的。例如，有一天，豆豆同学一放学就唉声叹气，因为作业太多了，他心情烦躁，回家的路上，豆豆想让妈妈给他买炸鸡块，抚慰一下他"受伤"的小心灵，不料被妈妈一口拒绝，说"今天作业多，赶紧回家。"豆豆同学立刻觉得更烦躁了。

接下来，豆豆同学和妈妈的想法开始分道扬镳，妈妈一心想着让豆豆快点儿回家，早点儿完成作业。豆豆同学呢，他的烦躁工厂开工了。这一路上，他的烦躁情绪被源源不断地制造出来。他想："老师真烦人，你们下班就没事了，给我们小孩留这么多作业，太累了；还有我爸，一下班就玩手机，他可以玩到晚上 11 点，我玩 10 分钟都不行；最可气的是我妈，不给我买零食，一回家就冷着脸让我去写作业。好烦呀，我回家就去洗手间躲一会儿，悄悄带一本课外书进去，锁上门，嘿嘿，妈妈发现不了……"

你以为豆豆的妈妈识破不了他这种小心思吗？她一心想着让豆豆赶快写作业，连买炸鸡块都觉得浪费时间，怎么能容忍豆豆同学在洗手间看课外书呢？没过 5 分钟，就听见门外"河东狮吼"："豆豆，你给我出来，你是不是躲在里面看课外书？"豆豆慌乱之间，把课外书塞到一个收纳盒子里，打开门若无其事地说："没有啊，只是上厕所。"

妈妈的眼神像鹰一样凌厉，她扫了一眼洗手间，一伸手就把书扯出来了，生气地说："你说，这是什么？还学会撒谎了。"听着妈妈劈头盖脸的数落，豆豆很郁闷，忍不住和妈妈顶了几句嘴。

这下把"火药桶"点着了,妈妈彻底发火了。那种糟糕的场景可以想象,妈妈和豆豆先是争吵,然后互相赌气。到了晚上9点,他们才想起还没开始写作业呢。豆豆放学的时候,假设他的烦躁值只有4分,吵完架,他的烦躁值已经变成了10分,压得他喘不过气来。

豆豆为什么会烦上加烦呢?第一,因为抱怨作业多;第二,因为和妈妈吵架。所以啊,如果你们不想烦上加烦,不想因小麻烦招来大麻烦,不想把生活弄得像一团乱麻,就尽量不要抱怨和吵架。

赶走小麻烦,苦恼全不见

我想,你们肯定关心应该怎样做才能把烦躁赶走,回到平静状态。我们来看看小明是怎么做的吧。

小明也会遇到烦心事。通常,他觉得星期二最烦。因为星期二这天学校放学晚,偏偏妈妈还给他安排了兴趣班,每次上完兴趣班,回家都已经晚上8:30了,如果赶上这天作业多,小明就会觉得很烦躁。

　　每当这个时候，小明都会默默地告诉自己：
"作业多，时间晚，我又开始心烦意乱了。千万不
能着急，越急越容易出错，我先给自己5分钟的
时间冷静一下。"于是，他定时5分钟，静静地坐
在书桌前。在这5分钟里，他的感觉发生了微妙
的变化。他有意识地做了几次深呼吸，渐渐放松
下来，不再那么烦躁。闹铃响起，小明感觉如果
他之前的烦躁值是4分，这时候已经变成3分了。

　　嗯，毕竟还有烦躁的感觉，这时候如果去写
比较难的作业，肯定会烦上加烦。所以，小明决
定从最简单的抄写作业写起。每个人都有这样的
体验，简单的抄写能让人变得平静。小明也是这
样，他抄写了15分钟以后，感觉自己的烦躁值只
剩下2分了。

　　到了9:30的时候，小明觉得很累，恰好这时
又遇到了一道难题。小明趴在桌上想题。这时候，
妈妈走进房间说："已经很晚了，你怎么还不快点
儿写作业？"听了这话，小明有点儿委屈，心想：
"我一点儿都没偷懒，还不是因为上了兴趣班，才

这么晚到家。"

小明这会儿不想说话，但是转念一想，如果自己什么也不说，妈妈肯定会以为他真的在偷懒。于是，他转过头看着妈妈的眼睛，诚恳地说："妈妈，我有点儿累，这道题也不会做，你能给我讲讲吗？"妈妈的语气瞬间柔和下来，她知道，刚才冤枉了小明。她温和地点点头说："当然可以啊。"

做完这道题，小明的作业已经完成了一大半，感觉胜利在望，还及时化解了妈妈的误解，他已经不烦躁了。

小明的做法很棒，你们有没有觉得小明对自己很好？其实，每个孩子都有自己的喜怒哀乐，不管是痛苦还是伤心，别人都替代不了，每个人都要为自己的感受负责。小明成功地赶走了烦躁，快速地写完作业，他给了自己最好的感觉。

让我们也记住小明的办法吧：第一，烦躁的时候冷静几分钟，做个深呼吸；第二，先从简单的作业开始写；第三，与父母沟通时及时应答，不要沉默以对。

第3节

如何突破困难的写作业问题

坚定不移地战斗，不厌其烦地想办法

有个孩子向我抱怨："我妈妈总把我当神童看待，她以为，写作业就应该'唰唰唰'写完，一点儿都不停顿。可是，我就是会遇到难题，会停顿、会迟疑，她什么时候才能明白，我就是一个普通的小孩呀。"

是的，我们都不是神童，几乎每天都会遇到大大小小的困难。面对困难有两条经典的路线，你知道是什么吗？是战斗和逃跑，在心理学上，叫作"非战即逃"。这很好理解，比如你遇到了一只野兽，你要么冲上去战斗，把野兽打死；要么赶紧逃跑，保命要紧。

当然，困难没有野兽那么可怕。但是，它也需要我们理智地做出选择，是战斗，还是逃跑？

这个问题如果让小时候的我来回答，我就会很诚恳地说："我知道应该战斗，但是，我想逃跑。"我为什么不由自主地当逃兵呢？除了侥幸心理，我必须承认，逃跑是有好处的，能带来短暂的轻松和愉快。

坚定不移地战斗

你一定很好奇，我后来为什么改变了呢？这是因为，我发现逃跑舒服不了多久，"躲得过初一，躲不过十五"。就像我"欠"了20多篇日记，迟早会被老师追着让我"还债"。

明白了这一点，我坚定不移地选择了战斗，直面困难，不逃跑。战斗的感觉怎么样呢？说实话，最开始感觉很崩溃。以我"欠"老师那20多篇日记为例，我不再写流水账，认真回想一天都发生了什么事，哪些事能写在日记里，怎么组织语言，然后一句一句写出来。开始写的时候，像挤牙膏一样，挤得很辛苦，感觉好难呀。

但是，写着写着就变轻松了。眼见自己写的日记一天比一天多，偶尔翻一下，还觉得挺有成就感。我想："我这不是能写完吗？那以前何必偷懒，还被老师拎到办公室里挨一顿数落。"

我总结出一个规律。逃跑，当下舒服，将来痛苦；战斗，当下辛苦，将来轻松。既然"躲得过初一，躲不过十五"，我们何必要躲？还是直接面对困难吧。

不厌其烦地想办法

也许你们会说，不能一味地让我战斗啊，让我一直面对困难，那也太难受了，总得有个出路呀。是的，必须找到出路。这条出路，就是不厌其烦地想办法，直到找到对的办法为止。

具体怎么做呢？我们举例说明吧。例如，豆豆同学特别怕做应用题，他觉得一道应用的题目有好几行字，不是种树、修路，就是分水果、放水池的水，里面夹杂着好几个数字，题义绕来绕去，读完题就晕了，找不到头绪。

　　怎么办呢？豆豆想到的第一个办法是：既然是应用题，那我就想象那个场景是真的，我也参与其中。比如，题目说食堂分几次购买大米，豆豆就把自己想象成食堂管理员，他负责进货，想象着大米堆放在仓库的场景。豆豆想的第二个办法是画图。他发现，哪怕题目中有四五个已知条件，看上去很乱，但只要画个图就一目了然了。豆豆想的第三个办法是弄懂条件之间的关系。豆豆发现，应用题里面通常有一句很关键、却特别不容易理解的话，比如，二班的人数比一班的 2 倍少 4 人。这是最容易出错的地方，一定要读懂。

　　你看，做应用题的时候，想象具体的场景并假设自己参与其中，或者画图，或者读懂关键性的话，这三个办法几乎能解决所有的应用题。

　　让豆豆感觉特别头疼的作业还有写作文。例如，作文题目是"我最喜欢＿＿＿＿＿＿"。豆豆开始构思。他喜欢什么呢？电子游戏、读书、滑冰、画画、游泳、手工、旅游……他喜欢的事情实在太多，难以选择。开始他想写"电子游戏"，想得差不多了，又觉得打游戏那种奇妙的感觉不好描写；于是，他又想换成写"画画"，但是，画画的色彩和技巧同样有点儿难以描写；要不写"游泳"吧……就这样，过了 1 小时还没落笔。兜了一个大圈子，最后他还是决定写"电子游戏"。

你们看，豆豆这个选择的过程非常浪费时间，而且最终的选择也没有比最初的想法多么高明。如果让我来给豆豆建议，我会建议他读完题目快速做出决定，别犹豫。

接下来，是怎么写作文。老师可能教过你们很多方法，比如模仿范文、列提纲、打草稿等。在这里，我分享一个我教小侄女写作文的方法。

国庆节假期中，我陪小侄女写作业。她说她的作业中有一篇命题作文，要写"国庆大阅兵"。小侄女很发愁："这大阅兵可怎么写啊。"我灵机一动，对她说："我来给你当回秘书吧，领导你口述，我来记要点。"小侄女听了咯咯直笑，开始口述："今天，我看了国庆大阅兵。"我说："停停停，领导，你得先给我说说，为什么有国庆大阅兵啊。"小侄女想了一下说："今天是 10 月 1 日，所以有国庆大阅兵。早晨吃完饭，打开电视，我们全家人围坐在电视机前观看大阅兵。哇，军人的步伐好整齐啊。"我再次说："停停停，领导，你这也太言简意赅了吧，照你这种口述方式，作文刚一开始就结束了，你要给我说说，阅兵都有哪些安排。"小侄女继续补充："最开始是升国旗、奏国歌，然后是国家领导人讲话、检阅部队……"

就这样，小侄女口述，我给她记录了一个简写版的作文提纲：10月1日，新中国成立，大阅兵，早晨，电视，全家，升国旗，讲话，检阅……最后，小侄女按照这个简写版的提纲把作文写出来，只用了25分钟。

如果你很怕写作文，可以试试这个办法，先快速确定题目，然后把作文的关键词写下来作为简写版的提纲，最后根据这个简写版的提纲写出作文即可。

我们来总结一下：遇到困难，既然躲也躲不过，那就选择战斗；战斗的方法，就是不厌其烦地想办法，直到想到对的办法为止；一直坚持这样做，你就会变成一个攻无不克、战无不胜的孩子。

管住自己并不难

定个小目标，但一定要达成

最近，豆豆一直被妈妈批评，说他拖拖拉拉，作业写到深夜 11 点，影响睡眠。每天被妈妈唠叨好几次，豆豆也很烦躁。这天放学，豆豆暗下决心："我今天要快速地写作业，一刻也不停，争取晚上 8 点就完成作业。"豆豆干劲十足，回家赶紧写作业，妈妈看到豆豆主动写作业，很高兴。然而，刚写了 20 分钟，豆豆就感觉能量不够用了，越写越慢，像一个打了败仗的将军，心想："我刚才不是还想着攻城略地吗，怎么这么快就败下阵来呢？"

豆豆这么想着，心中无比烦躁，还有对自己深深的失望。越难过，就越不想写作业，挣扎了一会儿，豆豆选择了逃跑：我看会儿课外书吧，这比较轻松。过了一会儿，妈妈满怀期待地来到豆豆的房间，发现作业本被丢到一边，豆豆正看课外书呢。妈妈立刻发火了："干啥呢，干啥呢，你这孩子，就是3分钟热度。"听了这话，豆豆难过极了，他在心中委屈地辩解："妈妈总是看结果，从来看不到我的努力。我真的努力过，可是，不知道为什么，我就是做不到。"

你们是不是也像豆豆一样，努力过，失败过，无助过，想改变自己，却总也做不到？你们有没有想过，豆豆放学的时候下了那么大的决心，为什么很快就败下阵来？怎样才能管住自己呢？

管住自己，在心理学上叫自控力。怎样提高自控力呢？我来教你们三个办法。

第一个办法：定个小目标，但一定要做到

你们一定注意到了，我说的是"提高"自控力，也就是说，每个人天生都有自控力，只是强

弱不同。我们的任务，是一点儿一点儿地提高自控力。所以，我们要确定一个小目标。为什么不定一个大目标呢？一步到位多好。这是因为，提高自控力是一件很难的事情。你看，豆豆制定了一个大目标，却根本做不到。其实，哪怕是大人，也有控制不住自己的时候，比如他们本来只想看10分钟手机，不小心就看了1小时，然后懊悔不已。

怎么确定小目标呢？咱们还是以豆豆为例。豆豆的小目标，可以确定为：回家马上开始写作业，快速地写30分钟。你看，这个小目标，豆豆稍微坚持一下，就可以完成。然后接下来的作业，还是按照原来的速度完成就可以。到了第二周，豆豆可以再确定一个小目标：回家马上开始写作业，快快地写2个30分钟。以此类推，到了第四周，小目标就变成：回家马上开始写作业，快快地写4个30分钟。对豆豆来说，这样就可以完成当天的作业了。你们看，用1个月的时间改变自己，是不是也很棒？豆豆之前想用1天彻底改变自己，这太不现实了。

当然，仅确定一个小目标还不够，更重要的是一定要做到。这个道理很简单，如果没有完成，定了目标也是形同虚设，完全没有意义。如果你做到了，就是一次小小的胜利。所有的胜利累加到一起，不就实现了大目标吗？

第二个办法：坚持就是胜利

我要是没猜错的话，"坚持就是胜利"这句话，你们已经听过 1000 遍了吧。然而，我今天还是得给你们讲第 1001 遍，这是因为，在改变自己的路上，除了坚持，没有别的方法可用。如果你不坚持，选择逃跑，那就彻底失败了。

关键在于怎样坚持。

我们先说坚持不做什么。既然确定了小目标，那就不要做与小目标相背离的事情，一点儿都不要做。例如，你们想着快速地写完作业，这时头脑中冒出一个念头："有点儿累，看课外书轻松一下，就看 5 分钟。"这绝对是一个危险的信号，千万不要行动。你们会发现，看了 5 分钟还想再看 5 分钟，它会成为你们失去自控力的起点，你们会沉迷其中，无法自拔。

如果你们没忍住，已经开始看课外书了，怎么办呢？我教你们一个小技巧——6秒中断法。也就是说，意识到自己看课外书了，千万不要迟疑，不要纵容自己，在6秒之内，果断停止这个动作，回到写作业这件事中去。

哪怕是小目标，连续坚持一周也很难。当你们有点儿厌烦，不想做的时候，一定要管住自己，别放弃，别逃跑，哪怕感觉很煎熬，也一定要坚持住。这时候你们就明白为什么要定小目标了吧？虽然有点儿难受，但咬牙坚持一会儿，就完成了，就胜利了。

第三个办法：给自己点赞

完成一个小目标后，你们是不是觉得自己挺棒的？想放弃又咬牙坚持到底时，你们是不是觉得自己特别厉害？这时候，一定要给自己点赞，要好好地夸奖自己一番。

也许你们会说，这不是太骄傲了吗，只是改变了一点，就手舞足蹈、心花怒放，合适吗？我来告诉你们，合适，特别合适。这是因为，只有给了自己足够多的鼓励，在改变自己的过程中找到了美好的感觉，才更容易坚持，更容易完成目标。在心理学上，这叫自我激励，是非常重要的。

我再教你们一个激励自我的好办法吧，如果你们像豆豆一样，定了一个小目标，然后，就可以画一个表格，每天完成目标，就在表格里做个标记，可以打钩、画圈，涂上颜色，或者贴一个漂亮的贴纸。你们看，这就是咱们前面说的"收集成就感"，你们表格里的标记会越来越多，它们就像一个又一个的小脚印，记录你们的自我改变之路。如果你们真的这样做了，看着这些"小脚印"，总有一天，你们会感到心满意足，发自内心地觉得自己非常棒，你们一定会喜欢这种感觉的。

愿你们成为拥有强大自控力、对自己满意的人。

玩游戏，要知止

不做游戏的俘虏

有一次，我和我的好朋友在咖啡厅聊天，她的侄子给她打电话，又哭又喊，说爸爸把他的手机摔碎了。好朋友急忙给她的哥哥打电话，弄清事情的来龙去脉。

原来，她的侄子今年读初三。读初一的时候，爸爸妈妈给他买了一部手机，当时约定：周一到周五，每天玩游戏不超过半小时，周末不超过2小时，不能影响学习。手机刚买回来时，她的侄子能遵守约定，但渐渐地，玩手机开始超时，从超时10分钟到超时半小时，再到超时2小时，后来这个约定便形同虚设，他一边做作业，一边玩手机，还常常用手机把题目拍照去找答案，直接抄答案。每天都要玩手机到凌晨一两点才睡觉。他的学习成绩从中等偏上很快滑落到班里后5名，这让爸爸妈妈非常着急。

这一天是周末，妈妈劝他放下手机赶紧写作业，他不理，埋头玩游戏，妈妈说了几遍也不听，爸爸也过来劝说，他依然充耳不闻，爸爸特别愤怒，一把抢过手机摔得粉碎，双方因此爆发了激烈的争吵。这个孩子觉得姑姑最疼爱他，就向姑姑告状。然而，这一次姑姑也没有站在他这一边，而是对他说："过去这两年，玩游戏已经让你的生活陷入失控状态，现在，你已经读初三了，你必须为你的将来负责任。"

我的好朋友打了半小时电话，才将她的哥哥嫂子和小侄子安抚好。挂了电话，她忧心忡忡地说："我侄子已经读初三了，成绩还是后5名，中考极有可能失利，都是游戏惹的祸，你说这可怎么办？"

这是一个让人无奈的故事。的确如我好朋友

所说，这个孩子的生活已经失控了。玩游戏，本来是让人开心的事情，然而，最终的结果是他和父母发生激烈争吵，学习成绩严重下降，睡眠不足，前途渺茫。

然而，这都是游戏的错吗？不，玩游戏的结果取决于玩游戏的人。在我的工作中，经常有爸爸妈妈问："你赞成小孩玩游戏吗？"我会说："赞成，游戏那么好玩，连大人都喜欢，孩子当然可以玩。但是，我不赞成无限制地玩，玩到失控的程度，就很可怕。"

那么，玩游戏是否要遵循一些原则呢，当然要。我建议遵循以下三个原则。

第一个原则：不要被游戏控制

什么叫被游戏控制呢？就是你玩游戏到了身不由己的地步。我这位好朋友的侄子，就属于这种情况。其实，最初他并没有失控，可是，当他一而再再而三地超时，就完全停不下来了。他不想学习，不想写作业，一心惦记着玩游戏，像着了魔一样。所以，玩游戏的时候，一定要分清楚，到底是单纯地喜欢玩游戏，还是被游戏控制了。两种感觉是不一样的，单纯地喜欢玩游戏，是玩的时候很开心，但不会因为玩游戏影响学习及与家人的关系。如果你觉得无法自拔，不玩很难受，但因为一直玩游戏耽误了其他事情，又很内疚，那么你就要及时提醒自己，减少玩游戏的时间，不要被游戏控制。

第二个原则：知止

什么是"知止"呢？就是要知道停止，这至关重要。前文中我好朋友的侄子，就是因为只想着玩，不知道停止，所以才会失控。

喜欢玩游戏的小朋友都知道，每个游戏的背后，都有一个强大的设计团队，他们想方设法让游戏变得引人入胜，让你停不下来。面对这种巨大的诱惑，我们怎样才能知止呢？

我们在开始玩游戏的时候，就要在心里设定停止的时间，时间一到，无论多么舍不得，都要忍痛关掉。当然，也许你会说，那我这一局游戏才玩一半呀，退出的话就会被扣分、降级，还会被队友埋怨。如果是这种情况，你可以给自己通融一下，玩完这一局。但是，千万不要开始新的一局，这依然是最容易失控的起点，一定要严加防范。

如果你觉得忍痛关掉游戏很困难，一个更彻底的办法就是忍痛不玩。我就是这样做的。我哪怕玩最简单的游戏，也会上瘾，打通关后还想再来一局。所以，我给自己下的死命令，就是不许碰游戏。我有一台电脑、一部iPad、两部手机，上面一个游戏都没有。

从我的切身体验来看，刚开始远离游戏时的确有点儿难受，心里痒痒的，总想玩点儿什么，再过一段时间，就把游戏的事忘了，不再有任何期待。我发现，即使不玩游戏，生活中也有很多有趣的事情可做。远离游戏，其实没有那么痛苦。

也许，你没办法像我这么彻底地远离游戏，还有一个折中的方案，就是周一到周五不玩，周末时间充裕，可以多玩一会儿。

第三个原则：与父母协商一个游戏方案

如果你不想放弃游戏，又常常玩得停不下来，那么，你可以与父母协商，共同制定一个玩游戏的规则，让你的自控力和父母的监督协同工作，保证能玩游戏，也保证能准时停下来。例如，小明跟父母制定的规则是：每天玩半小时手机，如果计时器的闹铃响过5分钟，小明还没有停下来，父母就出面收手机。并且，小明不能耍赖、拒绝，父母不能唠叨、批评。既然制定规则，那么，遵守约定，对父母和孩子来说同样重要。前文提到的我好朋友的侄子，他们家里也有类似的约定，但是他一次又一次地超时破坏了约定，也破坏了父母对他的信任。所以，当他向姑姑抱怨爸爸摔了他的手机时，姑姑并没有站在他这一边，毕竟是他首先破坏了约定。

虽然我不玩游戏，但我理解爱玩游戏的你。不过，我希望你玩游戏时有节制，从而使你提高自控力，获得更广阔的自由。

3

学会自我
负责

马虎变认真，就能考出好成绩

好成绩的秘密，全在细节里

这一天，豆豆又被批评了，妈妈数落他："你就不能认真点儿，做什么都马马虎虎。'哗众取宠'被你读成'哗众取庞'，'忧心忡忡'被你写成'忧心肿肿'。我看是你的心肿了，心太大了，你可气死我了。"

豆豆听了妈妈的数落，很不开心，他在心里念叨："忡忡和肿肿，只不过是偏旁有差别，真的长得很像，我每天要学那么多字，不小心就记错了。我写错了，改过来就是了，你为什么发那么大的火，还总说我马马虎虎，烦死了。"

我非常能理解豆豆的感受，因为我小时候也总被大人贴上"马马虎虎"的标签，然而，到底哪里马虎了，我真的是一头雾水。那时候我就幻想，如果这世界上有个"马虎信号灯"该多好，如果我们写错了、读错了，红灯马上亮起，那我们就赶紧停下来，找找哪里出错了，毕竟，谁也不想马虎，谁也不想错误百出。可惜的是，即使现在科技这样发达，也没有这样的"马虎信号灯"。

那么，没有"马虎信号灯"，我们怎么快速地发现自己马虎了呢？最好是抢在老师和父母之前发现，免得被他们批评。解决办法是，要依靠我们灵敏的感觉系统。

我们先把因为马虎带来的不开心放在一边，冷静地想一想被父母和老师指出马虎的地方。你在写作业或朗读时有什么感觉，是否会觉得不对劲儿？例如，读到"哗众取庞"时，你会不会觉得有点儿别扭、心虚、不确定，甚至读的声音都轻飘飘的？要知道，每个小朋友的感觉系统都非常灵敏，当你有这种感觉时，就是感觉系统给了你一个信号：小主人，你好像马虎了哦。只不过我们的感觉，没办法给像信号灯一样亮起红灯，也没有"叮咚"之类的声音来提醒我们，所以，我们要重视这种微妙的感觉。

与马虎相对应的认真，又是什么样的感觉呢？你们能想起来吗？例如，你们读得全对，写得全对，背诵得全对，或者考试得100分，那种感觉是不是很棒？不用老师和父母说，你们就感觉自己都做对了，心情轻松、愉快，有一种踏实的确定感。有一个成语是形容这种感觉的，那就是胸有成竹，或者成竹在胸。通俗地说，就是"心里有谱，没问题，这个我全会，小菜一碟"。

虽然感觉很微妙，但将马虎和认真这两种感觉放在一起对比，区别还是挺明显的。马虎的时候，会觉得别扭、心虚、不确定，心里轻飘飘的；认真的时候，会觉得胸有成竹、心情愉快、有确定感。

如果你们赶在老师和父母之前接收到了马虎的信号，那么，恭喜你们，你们进入了一个自我修正错误的轨道。豆豆要是找到这种感觉，一定会很开心。

如何改变马虎呢？我来分享三个办法。

第一个办法：定一个写字过关的标准

父母和老师经常叮嘱你们书写要工整，这些话，听多了就麻木了，或者厌烦了。每个人写的字不一样，怎样才算书写工整呢？我建议你们先把从前的作业本找出来，建立一个自己的评分系统。写得最好看的字，算100分，写得超级潦草、最难看的字，算1分，其他的字，根据美观程度来评分。那么，能评到80分的字，应该是很不错的。你们在写作业或考试时，把字写到80分的标准就可以了。我相信，老师和父母肯定会满意，你们自己看着也很舒坦。你们一定会很好奇，为什么不把字写到100分呢，那不是更好看吗？是的，那样很好看，但是会写得很慢，影响效率。你们看，80分的标准，是一个折中的方案，这不就是老师经常说的"又快又好"吗？

第二个办法：做好订正，不放过任何一个错误

有一句话，我们特别不爱听，但父母又经常说，那就是"你怎么又错了"。那么，怎样才能少犯错呢？这个问题一点儿都不难，答案就是做好订正。我发现，很多孩子害怕做订正，讨厌做订正，能躲就躲。这种行为大错特错。为什么这么说，订正就像你们玩的打怪兽游戏，怪兽已经出现在你眼前了，你要是放过它，那就成了放虎归山。在一个山势险峻的茂密森林里，再想找到它，多难呀。就以"哗众取庞"这个错误为例吧，借着这个错误，好好比对一下"庞"和"宠"的区别，两个字下面都是龙字，只是偏旁部首不一样，宠是宝盖，庞是广字旁。你看，多念叨几遍就记住了，这个让你出错的小怪兽，就被你彻底消灭了。一边写作业，一边跟自己玩这个小游戏，也算别出心裁吧。

如果有几个字总是分不清，也很好解决，把这几个字写在便利贴上，贴在墙上天天看，时间长了，一定能分清。

第三个办法：扫描不会的知识，定点清除

如果你们的书写能达到80分，并通过订正，把错误的小怪兽全都打死，那么，"马虎"这个标签，就快从你们身上撕下来了，但还差那么一点点。

差在哪里了呢？就是新学的知识还不太牢固，它们非常有可能演变成新的小怪兽，为了不让怪兽层出不穷，我们就要把它们扼杀在摇篮里。我建议，每次学完新知识，你们都在心里默默地回忆一遍，看有没有哪些地方会让你们感到别扭、心虚、不确定、心里轻飘飘的，一旦出现这种感觉，就说明这个地方你们还没有彻底学会，是有小怪兽的地方，那就翻开书找到那个地方，看几遍，念几遍，默默地记住，根本不给小怪兽出现的机会。

假如你们实践了上面三点，我可以打包票，不仅父母和老师不再给你们贴"马虎"的标签，而且你们一定会考高分，因为你们已经消灭了偷走分数的小怪兽。

治愈父母担忧的解药，
藏在你的口袋里

好的沟通造就和睦家庭

你有没有这样的烦恼，父母特别爱发脾气，哪怕一点儿小事，都能点燃他们的怒火？不可否认，父母的性格各不相同，有的父母比较温和，有的父母比较爱发火。假设你的父母很爱发火，你有什么办法应对吗？

我小的时候，一旦长辈生气了，沉下脸来训斥我，我就一半撒娇一半耍赖地去哄他们。例如，我把东西弄坏了，二叔质问我："是不是你弄坏的？"我先是故作惊讶："啊，东西坏了，谁弄坏的？太过分了，二叔我帮你训他们啊。"然后，我就对着空气表演："你说说你们光顾着淘气，看，弄坏了吧，你们赔得起吗？"我一边无厘头地表演，一边看着二叔的脸色，看他表情缓和，马上说："二叔，我跟你说实话吧，其实这是我弄坏的，我错了还不行吗？别生气了，生气容易衰老，就不帅了，来，二叔，笑一个。"二叔哪里禁得住我这样耍宝卖乖，扑哧一笑，就原谅了我。

当然，这只是哄长辈开心的小伎俩，我相信每个孩子都会。然而，在写作业这件事上，耍宝卖乖是蒙混不过去的，父母和孩子都需要找到合适的沟通方式，才能相安无事，否则就会鸡飞狗跳。

那么，有哪些合适的沟通方法呢？在这里，我分享三个沟通的方法。

第一个方法：关于作业，主动说出你的计划、感觉和困难

常常有孩子问我："我爸妈为什么总是大惊小怪的，因为一点小事，就火冒三丈。"我说，那是因为你不了解他们的想法，表面上看，他们发火

是因为很小的一件事情，其实，后面藏着一个大大的担心。例如，一个字订正了三遍你还没记住，或者你又歪着身体写字。客观地说，这不是什么大事，但你的父母却因此产生了很多不好的联想，例如"一个字，都订正了三遍还记不住，这孩子太马虎了吧，对学习不上心，这样的学习态度，到了高年级可怎么办？""你看，写字时身体总是歪歪扭扭的，这个姿势对骨骼发育不好呀，长大了弯腰驼背的，多难看。"你们的父母可能会从你们现在的行为，担心到20年以后。

面对这么爱担心的父母，我们该怎么办呢？如果你们主动把自己的计划、感觉和困难告诉他们，就能把他们的担心化解掉一大半。比如这样和妈妈说："妈妈，这个字我总是记混，你放心，我再记两遍，肯定就记住了"；或者"妈妈，我就是累了，偶尔歪着身子写一会儿，如果让我天天歪着，我才不要呢，这多难受呀。"你们看，就这么三言两语，父母的担忧就烟消云散了。

也许你们都没意识到，每一个平常的晚上，你们父母的心房都被密密麻麻的担心塞满。我来给你们模拟一下吧："放学了，我家孩子会不会一个劲儿地玩，忘了写作业？好吧，他总算开始写了；他没有计划性怎么办？写着写着就不认真了；笔都没动，肯定在发呆；也不知道几点才能写完作业，耽误睡眠可不好。"

如果你看到父母整个晚上过得心神不宁，会不会觉得好笑，又有点心酸？其实，你们几句话就可以拯救他们脱离这种状态。我们来设想一下，放学回家，你对妈妈说："我休息20分钟就写作业，今天作业不多，我先写简单的，但数学作业很难，估计要好好思考才能做出来，不会的地方您得给我讲讲，我预计九点半能完成作业。"我猜，你们的父母只要听到这句话，心就放下了一大半。你们有没有发现一个小秘密：消除爸妈担忧的"解药"，就藏在你们的口袋里。

第二个方法：分清情绪和要表达的内容

有个小朋友对我说："父母要是对我发脾气，我心里就很难过，他让我做什么，我偏不做。他们就会更生气，我也会更生气，然后，我们就会大吵一架。"我说:"你知道为什么会这样吗?这是因为,父母和孩子有一门共同的必修课,就是要分清情绪和要表达的内容,并且,要重点回应内容。"例如妈妈说:"你看看你,怎么又把这个字写错了?"她的情绪是"我生气了,对你不满意",内容是"这个字错了,我希望你学会"。假设你说"哦,确实错了,我现在就把它再写3遍",父母的坏情绪一定会消失不见;如果你重点回应情绪,"哼,不要你管",妈妈肯定会更加生气。

这个小朋友说:"原来是这样。对,我以前经常对妈妈说'不要你管'。"过了两个月,这个小朋友跟我说了一件事情。有一次,妈妈批评他写作业慢,不认真、拖拖拉拉。他对妈妈说:"你知道吗,我现在心里很烦躁。"妈妈却回应说:"哼,我更烦。"这个孩子继续说:"我的话还没说完,你就生气了。"妈妈语气强硬地说:"我没生气。"他说:"你去照照镜子吧,你不生气的时候是笑眯眯的,才不是这样。"妈妈说:"好吧,我是生气了。"他说:"妈妈,你不就是想说作业的事儿吗,何必生气呢,你听我把话说完,我今天很累,心里很烦躁，但我一直在坚持写，你看到我的努力了吗？"妈妈听了这话，觉得自己也不对，就向他道歉说："对不起，妈妈太情绪化了。"你们看，有时候孩子也可以比大人理智、成熟。

第三个方法：说话算话

这个方法，其实是我的一个特别提醒，也就是说，前面一切表达的基础，都是说话算话，而且是父母和孩子都要说话算话才行。例如你们跟父母说自己计划9点完成作业，结果写到了深夜12点，如果天天如此，那么你们的信用就破产了，父母不会再相信你们。反过来，如果父母总是说话不算话，你们也不会信任父母吧。

不管怎样，父母和你们的共同愿望，都是更快更好地完成作业，这个根本目标是一致的，关键是做好沟通。

你的童年你做主

变得更优秀，你也可以

我来给你们算一笔账，一天 24 小时，每个孩子的安排都不太一样，我们取一个平均数，假设每天睡眠 8 小时，上学 8 小时，写作业 2 小时，另外 6 小时的自由时间包括了所有的生活琐事，比如：早晨起床、洗漱、早餐、上下学、晚餐、玩耍、洗澡、听故事等。据我的观察，这几个时间段中，最容易不开心的是写作业的时间，对某些孩子来说，这简直就是一天的至暗时刻。不仅如此，这个时段如果极度不开心，还会污染另外 6 小时的自由时间。更重要的是，如果作业没完成，怕被老师批评，上学的 8 小时也提心吊胆。也就是说，所有醒着的时间，都处于写作业的阴影当中。

其实，我小时候就是这样过来的。别人看到的都是我淘气、喜欢玩的一面，却没人能看见我的苦恼。老师觉得我贪玩，家长觉得我懒惰。我永远被催促、被批评，心头总是压着写作业这块沉甸甸的大石头。

我不想让你们重蹈我童年的覆辙，我不想看见你们不开心，所以，请允许我再嘱咐你们三句话。

第一句：像运动员一样，训练写作业的耐力和速度

在课堂上老师可能经常说：看谁写得又快又好。我小时候每次听到这句话都很绝望，因为我写字很慢，并且认为自己永远都写不快。

后来我发现，"又快又好"这件事情是可以做到的，有两种办法。

一种是随着年龄的增长，跟从前的自己比，自

然地做到了又快又好。例如，等你到了四年级，再看一年级的作业，就觉得是小菜一碟；等你读了初中，再看小学四年级的作业，依然是小菜一碟。你会发现，你超越了从前的自己，自然而然地做到了又快又好。

另一种方法是超越同龄人，这意味着，你要比别人跑得快，像运动员一样，速度和耐力都比别人强。要达到这个目标，仅靠自然而然可不行，你需要像运动员一样，持续地、刻意地训练自己。

如果你看了这本书，并在写作业问题上采用了书中提及的方法，相信你写作业的质量一定会提高，你会对自己感到满意，父母和老师也会觉得你很不错。你当然可以止步于此，但是，你还可以继续前进。因为，你还能做得更好。

也许你会说，我为什么要做得那么好呢？

还记得咱们前面算的那笔账吗？如果你的作业时间是 2 小时，就意味着你的自由时间是 6 小时，如果你在学校争分夺秒完成大部分作业，你的自由时间甚至可以达到 7 小时。你看，你可以支配更多的时间，多棒呀。

第二句：成为学霸，你也可以

"学霸"是网络用语，意思是学习成绩好的人。作为学生，谁不想当学霸呢？然而，我们心底常常有个声音在说：我想做学霸，但是我做不到。

如果你写作业做到了又快又好，并且像运动员一样刻意地训练自己，变得更快更好，那么，我要告诉你的是，你具备了学霸的潜质。

如果不信，请你观察一下身边的学霸，他们未必是头脑最聪明的人，如果比赛打游戏，他们可能还没你反应快。学霸，比拼的并不仅仅是智力，还有做事的认真、坚持和专注程度。

我认识一个孩子，老师要求背诵乘法口诀并录视频，他的同学录一两遍就完成了，他连续录了6遍，选最好的一遍发给老师。你看，如果每件小事都对自己持续地高要求，坚持又快又好的标准不放松，并将其贯彻到每一天，那么你就离成为学霸不远了。

当然，学霸还要做一件事情，就是编织一个细密的知识大网，能把所有不会的知识点全都打捞出来，各个击破，杜绝漏网之鱼。

你做的这些事情虽然有些辛苦，但绝对值得。你会发现，不管是学习还是写作业，都变成了一种享受。成为学霸，最让人羡慕的不是外在的光环，而是这种美妙的内在感受。

第三句：你的童年你做主

我常常听很多孩子对父母说："我的事不要你管。"然而，你的事情，如果自己没管好，那么一定会有人来管你，要么是老师，要么是父母。我非常清楚被人管、被人监督，甚至被人防范的滋味，真的不好受。但是，当你把作业完成得又快又好，取得出色的成绩时，你会发现，原来父母和老师，都没有那么"爱管闲事儿"，他们乐得放手。这时候，你才真正进入了每个孩子都期盼的状态：你的童年你做主。

我真心地希望你能从掌控写作业开始，最终掌控自己的生活。希望你拥有一个自己做得了主的童年，希望你长大后回想起来，觉得自己的童年没有遗憾，过得很充实、很快乐、很美好。